पटल

काव्यात्मक बेल

पंकज स्वामी (पार्थ)

Copyright © Pankaj Swami (Parth)
All Rights Reserved.

This book has been published with all efforts taken to make the material error-free after the consent of the author. However, the author and the publisher do not assume and hereby disclaim any liability to any party for any loss, damage, or disruption caused by errors or omissions, whether such errors or omissions result from negligence, accident, or any other cause.

While every effort has been made to avoid any mistake or omission, this publication is being sold on the condition and understanding that neither the author nor the publishers or printers would be liable in any manner to any person by reason of any mistake or omission in this publication or for any action taken or omitted to be taken or advice rendered or accepted on the basis of this work. For any defect in printing or binding the publishers will be liable only to replace the defective copy by another copy of this work then available.

Instagram / @kuchh.khyal

- पंकज स्वामी (पार्थ)

क्रम-सूची

क्रम-सूची

भूमिका

परिचय

नमस्कार , मैं पार्थ हूं (पंकज स्वामी) .एक तकनीकी व्यक्ति जो अपने विचार भी लिख कर रख लेता हैं जो कई बार कचोट कर जीवन को कुछ रोमांच दे रहें हैं , क्योंकि इनके अलावा कोई और अनुभव कह सकने वाली बातें सही अर्थों में नहीं हैं | काफ़ी समय से कुछ बातें लिख रखी थी डायरी में, कुछ फ़ोन के नोट्स में , कुछ जहन में जो सब आप से साझा कर रहा हूँ , ये मेरे ख्यालात है जिनको काफ़ी समय से पाल रहा हूँ , आशा करता हूँ आप भी इन्हें जिंदा रखोगे .

***

मेरे बारे में कुछ और

मैं तस्वीरें कम खींचता हूँ हर एक ख़ास पल की , क्योंकि जीना चाहता हूँ उन्हें मेरे सामने सिर्फ़ एक बार, साथ तो ख्याल भी देते हैं न|

***

लिखने का क्षेत्र

ये वाला गुण अभी तब नहीं पास सके, बस लिख देते हैं जो मन को भाये

***

कब से लिख रहा हूँ

पिछले 4 सालों से कुछ ख्याल के नाम से लिखना शुरू किया जो आज भी जारी है .

***

क्यों लिखते हो

इसका जवाब हमें पढ़ने के बाद ही जान पाओगे .

आमुख

हर जहन में कुछ ख्याल हमेशा अपना प्रभाव रखते हैं , बस ख्याल को थोड़ा पहचान कर दोस्त की तरह अपना-कर हमेशा जहन के हो जाने तक का सफ़र ,पन्नों पर उकेरने के बाद पुख़्ता करने के कोशिश हैं |

ये वहीं अन-सुलझे सवाल हैं,जो कभी किसी डायरी के पन्ने, फ़ोन के नोटबुक से निकल कर जिन्दा होकर किसी के कानों तक पहुंचने की कसमसाहट आज भी उम्मीद में हैं , जीवन के हर पहलु को अलग-अलग नजरिया जान कर, आपके सामने रख देता हूं , अब छान लीजियेगा हमारा प्रारब्ध !

- पार्थ (पंकज स्वामी)

1. कौन है वो

हर छोटी-बड़ी गलती का अनुमान ,
कौन बताता हैं तुम्हें।
गलती होने पर भी संयम से जीना ,
कौन सिखाता हैं तुम्हें।
हर पल की पहल का संगी,
जो मुश्किलों से बचाता हैं तुम्हें।
भरे गले से भी रौनक बिखेरना ,
कौन सीखता हैं तुम्हें।
कौन है वो जो बस हाल पूछ ले तो ,
हिम्मत आ जाती हैं तुम में।
जब खुद से ही नाराज़ होते हो,
कौन मनाता हैं तुम्हें।

2. उलझन

चोट खाने के बाद ,
नास्तिक आसमान को देख क्या कहता हैं।
एकतरफा इश्क़ , किसे अपना समझे।
बिन माँ की संतान ,किसका आँचल ढूंढे।
बेईमान को भय हो तो ,किसे बताये।
गूँगा बोल के, दुख कैसे जताये ।
अंधा किसकी आंखें पढ़े ।
खुद का कुत्ता काटे तो ,
दोष किसे दे।

3. मज़ा आ रहा है

अब बात ये हैं की
कुछ समझ तो नहीं आ रहा ,पर मज़ा आ रहा हैं।
खुद की बनाई चाय को,वाह करके पीना।
जार हो चुकी गुदड़ी को,इतमीनान से सी ना।
बुदबुदाहट से हंसी को आवाज देकर ,
सच कहुँ मज़ा बहुत आ रहा हैं।
बरपाई कमियाँ को सजा कर रख लिये हैं।
कही नहीं रही तो ,पहचान कैसे होगी भला।
पतंग की तरह बंधे हैं मांझे से,
मगर उड़ने में मज़ा बहुत आ रहा हैं।

4. उस पार

हुआ यूँ की
पुल कुछ नया था , पुताई का रंग महक रहा था।
एक तरफ तख्ती भी कुछ चेता रही थी।
मैं नहीं गया, बस किनारा पकड़ लिया।
क्योंकि लिखा था, अपना एक कीमती ख़्वाब भुलाना होगा।
अब हमारा(कथित) सब छिन जाने का डर था।
हमने किनारा चुना, कुछ दुर चले किनारे के साथ।
कोई दूसरा ज़रिया नहीं था , उस पार जाने का।
सोचा तैर कर पार किया जाये।
पार तो कर लिया , दरिया को।
पर सब धुल गया था,सब हल्का सा।
कुछ नहीं बचा , न मोह , न कोई याद।
पहले का डर अब खुशी का कारण था।

"

फिर से मुड़ कर पुल की और देखा तो पाया , एक संदेश लिखा था आखिर आना तो था ही सब लुटा-कर,पर तरीका अपना ढूंढ लिया , क्या बात हैं।"

5. नजरें / नजारे

नजरें ही कयामत हैं।
नजारे देखने गये थे , नजरें भटक गई हैं।
हसीन वादियों से दुर कही छटक गई हैं।
कुछ उतरे हैं नजरों से ,कोई आ रहा हैं।
वाकिफ होते नहीं बना ,कोई बचा रहा हैं।
कोई छोड़ रहा , कोई दिखा रहा हैं।
नजरें नियत बया करती हैं,
ज़ेहन की सीरत जान जाती हैं।
पहले पर्दा डाला , फिर भटका दो।
एक आंसू में समंदर सुखा जाती हैं।
नशे से घिरी नजरें, राज कई सीने के दिखती हैं।
शायद हमसे दुनिया यूँ ही , नजरें चुराती हैं।

6. मैं लम्हा हूँ

वक्त का छोटा सा हिस्सा हूं
कुछ न कुछ , हर किसी का किस्सा हूँ।
मैं लम्हा हूँ।

एक पल में हँसा-रुला देने वाला हूँ।
किसी का चमकता किसी का काला हूँ।
कभी मिजाज का नर्म-गर्म।
कभी अकेला , कभी बेशर्म हूँ।
मैं लम्हा हूँ।

बस मलाल हैं जल्दी बित जाने का,
जुनून सवार हैं,कुछ ख़ास बनाने का।
कुछ ही पल में पुराना हो जाता हूँ ।
मैं लम्हा हूँ।

7. क्या लिखेंगे

अब तक जो भी लिखा ,
सब जुड़ा था तुझ से,
पहले साथ का,
अब आबाद का लिखेंगे।
सीधा कहो कोई ताल्लुक़ नहीं रखना,
हमें आजाद कर ,
नहीं तो कयामत तक घिसेंगे।
सारे पहलु क्या हैं बता तो दो,
है इश्क़-नफरत ज़ेहन में जता तो दो।
अनजान कर दूँगा,
तेरे सब खैरजनों से खुद को,
कब तक गल्फत का हँसना जारी रखेंगे।
नजर-अन्दाज होते है,
काहे कर भी न पाये।
जिक्र नहीं करें फिर से ,
न कोई सवाल लिखेंगे
न कोई मलाल लिखेंगे ,
बस कुछ ख्याल लिखेंगे !

8. तेरे से हो जाते हैं

क्या ख़ूब लिखा हैं ग़ालिब ने ,
हम तेरे से हो जाते है।
जितना चाहे सुलझे दम-ख़म से,
उतने ही उलझ से जाते हैं।
तुम समझ नहीं पाये हम को,
अब क्या ही समझ में आते हैं।
आसान हुये बिन जीते हैं,
तो चैन कहाँ से पाते हैं।
नहीं जिक्र किया सरे-आम कभी,
बस सहमे से रह जाते हैं।
जो मौका मिला कभी जुड़ने का,
हम अलग थलग से पाते हैं।
कोई लाख करें कोशिश हम से,
बस अपने से रह जाते हैं।
बस अपने से रह जाते हैं।

9. पटल यात्रा

बिना अन्दाज के निकले ,
मामलों में न फसकर ,
किनारे की सीट को पसंद आ गये।

नक्शा खोया हुआ हैं ,
पर बैचनी नहीं रही ।
इतने भटकें की सारा जहां पा गये।

भौर की ठंड और ,
प्याली भर चाय का बेजोड़ संगम ,
क्या कहने ,
लगता है बिना मरे स्वर्ग में आ गये ।

पाप पुण्य नहीं छानते किसी का ,
बस हर जीवन का अपना दर्शन ,
निहार के जान रहे है ।
सबका अपना एक अलग ही संसार है गुरू ,
मान गये।

रुझान नहीं बस ,
जानना चाहता हूँ ।
प्रेम नहीं होगा हमसे ,
कई जीवन मेरे द्विआधार खा गये ।

10. सरल

कौन समय के साथी हो,
प्रारब्ध क्या हैं आपका।
एक रागी जीवन को तूल देकर ,
क्या नफा नुकसान कमा रहे हो ।

क्या अनुचित है,विकट हो की सरल,
किस आधार पर निर्णय कर रहे हो।
कौन-सी पहचान पहन रखी हैं ,
खुद का सत्य क्यूँ नहीं जानना चाहते।

वो ऐसा ही है या बना रखा हैं,
सपाट शाश्वत शिल्प के अनुयायी हो।
या कही अन्तर्मुखी तो नही ,
स्पष्ट कर दो , एक बार सरल होकर।

11. वो लड़का , कैसा हैं

वो लड़का , कैसा हैं ।
कह दो अगर कह सको ।
कुछ समय बिताओ ना कभी तो उसके साथ भी।
वो मारे भय-शर्म के जल्दी घुलता कहां हैं ।
बनावटी मुस्कान पहने रखता है वो सब जगह ।
वो लड़का , कैसा हैं।

लोग क्या कहेंगे , की चिंता में वो क्या कहना चाहता है।
एक बार सुन तो लो,
फिर कहते हो की बोलते बहुत कम हो ।
नाकाम कोशिशों के बाद , जब जब खुशी मिले।
पीछे जिम्मेदारी का बोझ , सुकून छिन लेती हैं।
बस पूछ लो
वो लड़का ,कैसा हैं।

मर्द , जवान, युवा
इन सब भारी भरकम तबकों के तले ।
मासूमी का दमन कितना आसान हो जाता हैं।
खुल कर रो सकने का हक भी नही रहता ।
उस उलझी नजरों वाले से पूछ लो
वो लड़का , कैसा हैं।

12. सब आधा हैं

हमेशा आधी दुनियां देखी हैं ,
आशा आधी , ज्ञान आधा ।
कथित प्रेम आधा , विचार आधा।
फिर क्या पूरा मांगते हो ।
आधा सच , जो खुद आधे।
कुछ व्यस्त है , बटोरने में !
बिखरे आधे हिस्से को ।
आधा चांद , आधा अँधेरा ।
आधी बात , अकेली आधी रात ।
सब आधा-आधा सा हैं ।
आधा बाधा नहीं , कसक हैं।
खैर अच्छा हैं , आधा हैं ।
पूरी तो मृत्यु हैं ।
पूरी तो बदनामी हैं।
पूरी तो नाराजगी है ।
अच्छा हैं सब आधा हैं |

13. कहाँ हो आप

कौन से गुजरने में आते हो आप !
कुछ बताना हैं ,
कुछ सुनना हैं ,
या कह सुन के भी इंतजार में आते हो आप।

कौन से मरने में आते हो आप !
खामोशी के लम्हे ,
शोरगुल का माहौल ,
या बीच कही अटक जाते हो आप ।

कौन सा चेहरा पहने हो आप !
खुश दिखते हो ,
नाराजगी भरी हैं ,
या `कैसा हूं मैं ` समझ नही पाते हो आप।

14. सस्ती क्यों जिंदगी जनाब हो रही हैं

दुनियां क्यों अपना हिसाब खो रही हैं ,
सस्ती क्यों जिंदगी जनाब हो रही हैं |

राहों से रोड़ों से टकरा-कर के उठते ,
आख़िर क्यों आँखें सैलाब हो रही हैं |
सस्ती क्यों जिंदगी जनाब हो रही हैं |

छोटे दिखाओं से बचतें बचाते ,
बदनामियां बे-हिसाब हो रही हैं |
सस्ती क्यों जिंदगी जनाब हो रही हैं |

हर कोई पढ़ भी न पाये जो मुझको ,
मुश्किल क्यों ऐसी किताब हो रही हैं |
सस्ती क्यों जिंदगी जनाब हो रही हैं |

भरते नहीं हैं जख़्म भी तो ,
क्यों वक्त की नियत ख़राब हो हैं |
सस्ती क्यों जिंदगी जनाब हो रही हैं |

15. प्रस्ताव

नई उम्र के व्याख्यनों से हमने हिम्मत हारी हैं,
स्वप्न-इच्छा से कर्म हमारा 5 साल जो भारी हैं ।
रोज कुल में व्याकुल होकर कोई बात मनवाएं ना,
जीवन भर एतबार रहेगा ऐसी कसमें खाएं ना।

उलझन में हम फसें हुये हैं,हम पर एक अहसान तो कर दो।
क्या जाने गे लोग हमें , वापस मेरी पहचान तो कर दो।

सब कुछ धुआँ धुआँ सा हैं ,हम जो सरल रहे न अभी।
अच्छा होता मन की बातें ,भूल कर कहे न कभी।

काश हमारा मन भी होता ,जैसी दुनियां तुम्हारी हैं।
न जाने कितने अच्छों की,किस्मत तुम पर हारी हैं।

बस एक रस्ता हमें बता दो,जो वापस ले जायेगा ।
न जाने ये द्विआधार,कब तक मन को खाएग।

16. अंतिम क्षण

एक शाम हुई , सब सोने गये ।
बस मैं ही अकेला जाग रहा था ।
चार दिनो की जिंदगी वाली बातों से ही भाग रहा था।

बस आंख लगी सब थम सा गया ,
मानो अन्दर कुछ जम सा गया ।
तभी न जाने कौन दिशा से,
छिड़ने वाला राग रहा था।

कुछ हवा के जैसा हल्का था,
मानो शरीर में अंग न हो ।
आवाज ने भी न काम दिया,
जैसे जिह्वा का संग न हो।
अलग सी कोई फुर्ती थी,
फिर भी जाने क्यूं डर रहा था।
मन ही मन की उठा-पटक से,
निष्कर्ष हुआ मैं मर रहा था।

कुछ पल ही बीतें होंगे , हमको घेर रहे थे सब |
ये कैसे हुआ , ऐ दाता की माला फेर रहे थे सब |
सगे सबंधी , नाते बंधू मितकार सब आने लगे |
बस हुआ सुबह ,
फिर क्या देखें एक मरे हुए को चाहने लगे |

कुछ प्रश्न उठे उस निराकार पर ,
क्या ऐसा दिन देखे हम ।
कल तक बोल सुने थे जिसके ,
कैसे अग्नि में सेंकें हम ।

किसी के अश्रुधार बहे ,
कोई मन का मारा जान पड़ा ।
मैं भी तो सब देख रहा था ,
एकटुक यु खड़ा-खड़ा ।

अब जाने मोह नही , फिर भी सबके बीच रहा ।
कुछ मन दुःख में डूबे से,
कोई सुखी आंखे सिंच रहा ।
फिर हाल मलाल का लेखा, देने वाले भी आये होंगे ।
कटु वचन भी याद करे , जो कभी कभार सुनाये होंगे ।

कोई नम्र दिखा कोई , संयम में ।
अनसुलझा सा मेला था ,
परिणामों की बारी थी जो भी जीवन में खेला था ।
लाख लाख आभार मानों , जाते हुए मैं कर रहा था ।
मिलन बेला परमात्मा से ,
आनंद से मुझको भर रहा था ।
कौनसा मैं पहली बार मर रहा था ।
कौनसा मैं पहली बार मर रहा था ।

17. अधुरी कहानी

कुछ कहानियों अधुरी रहे तो अच्छा हैं।
कुछ किरदार खामोश न हो तो अच्छा हैं।
काफ़िर ज़ेहन से क्या ही उम्मीदें ,
ग़ाफ़िल का दम-ए-समा जानना हैं
बचा के रखना अपने ख्यालों को ,
कोई राजदार न हो तो अच्छा हैं।

अकेले ही पी लिया करो चाय,
बिना इंतजार के ।
दलीलें अपनी ही रहे तो अच्छा हैं।

कुरेद रहें हैं , सुनाये मलकानो को,
करें बेशुमारी तो अच्छा हैं,
रहे तरफदार तो अच्छा हैं।
फिर एक बार न पुछो तो अच्छा हैं।

18. अनजाने जानकार

ये राहे मिली है ,अचानक से आकर ।
न दुरी बनाओ , किनारो को लेकर।
अनमोल है ये हरारत दिलों की ,
क्या मोल मुलायें , मिनारों को लेकर ।
ये पत्थर , वो गलियां नदी रास्तें है।
है हलचल मे कुदरत , इशारों को लेकर।
ये जुगनु भी माहिर है ,सहमे है कब से ।
करेंगे शिकायत सितारों को लेकर ।
गहरी है दहलिज , उँची दीवारें ।
क्या होना खफ़ा भी किवाड़ौं को लेकर ।
पाक जमानत रही जो हमारी ,
क्या होना परेशा दिदारों को लेकर।
औंधे से आकर गिरें है जमाने में,
क्या जाने समझे , लिखारों को लेकर ।

19. वो और मैं हम

कुछ साबित तो नहीं ,
कर पाया किसी के सामने।
मैं , आप ,तुम , तू के से दुर हम को को पहचानता हूं ।
मेरे साथ ही वो, मैं सोता हूं वो जागता हैं।
मैं चलता हूं वो भागता हैं।
मैं हार हुआ वो , वो उम्मीद हैं।
मैं अंधेरा ,वो उजाला।
मैं भटकन ,वो सटीक।
मैने देखा नहीं कभी भी उसे पर वो साथ ही।
वो कोई और नहीं मेरा ही हिस्सा हैं।
वो हर खुशी का साथी, हर गम में साथ रोता हैं।
उसे भूख नहीं लगती।
प्यास नहीं शताती।
वो सब जानता है मेरे बारे में।
मेरा सपना , कमजोरी , हरकत, मलाल , सवाल सब जानता है वो।
वो टिकता नहीं एक जगह ।
वो डाँट देता हैं , वो संभाल लेता हैं।
वो सब हैं मुझ में , क्योंकि वो मुझ में हैं।
वो गिरा देता हैं ठिठोली में,
वो क्रुर भी हैं।
वो हंसता हैं मुझ पर।
वो मजबूर भी हैं।
वो नीच बन गया।

उसे धूप पसंद हैं।
वो पुराने समान बटोरता हैं।
वो मुझे खींच ले जाता हैं ,
अँधेरे सूनसान रास्तों पे सुकून खोजने।
वो ••••••••••••••

20. क्या स्वाह कर दिया

क्या स्वाहा कर दिया ।
मेरे सपने बाकी रह गए,
और इजहार भी ना हुआ ।
मेरा खड़ा होना पैरों पर,
दूर भी घर से कर दिया।
खबर सुनी टाई-कोट वाले से,
तेरा ब्याह कर दिया।

सूखी तपती गर्मी में,
जज्बों को ठंडा कर दिया ।
मुझे कुंठा से यों भर दिया ।
फिर लगता हैं पैसों ने,
रिश्तो का सौदा कर दिया।
क्या स्वाह कर दिया ।

सुना है मेहँदी चटक जमी हैं,
ब्याह की तेरे हाथों में ।
अब सरकारी दफ्तर की भांति,
तुझे रिश्वतखोर भी कर दिया ।
मेरे दावे कब अडिग रहे,
पर मोहर ना लग पाई हैं ।
घोटाले भी होते हैं ,
यह बात तूने बतलाई हैं ।

फिर हिम्मत की और पूछ लिया,
कितना कमाते हो जनाब।
हंसकर वह कह देते क्या,

आना खर्चा झूठा पर्चा,
ऊपर की बड़ी कमाई हैं।
बस इतना दिखा कर ही तो,
कानून को अंधा कर दिया ।
क्या स्वाह कर दिया।

21. बस यूँ ही पूछा

कहाँ जा कर रुकते हो ?
बस यूँ ही पूछा , मैं नहीं आऊंगा मुझे काम पर जाना हैं |
दलिलें नहीं हैं कोई, न कोई वादा हैं , जो सच कहुँ तो कभी पूरा नहीं होगा |
मौसमी होकर कहाँ मन मानता हैं ,
क्या सुनते हो अकेले बैठ कर , बस यूँ ही पूछा , कुछ नहीं कहेंगें , आवाज बैठ गई हैं |
क्या पढ़ते हो , खैर पता हैं कभी-कभार पढ़ लेते हो हमें भी,
पर क्या पढ़ो गे नहीं पता , क्या तर्क निकलेगा नहीं जानते |
हम बरसात से गुजर कर शरद झेल रहें हैं ,
लिखावट भीगा रही हैं कहीं तुम्हें ?
कितना भीगे , बस यूँ ही पूछा
छाता नहीं रखते बेमौसम का !
खाने में क्या भाता हैं आजकल ,
बस यूँ ही पूछा , मैं अकेले ही बैठ कर खा लेता हूँ , रास नहीं आयेंगे |
बाकी नहीं पूछेंगे , पता हैं जाया हो रहें हैं रुक कर सफ़र में |
मौसम बदल रहा हैं , तेज पत्ती की चाय मांग कर अमर हैं ,कुछ तो बनाना हैं , चलते हैं !

22. संघर्ष

हम अंगारे बीज रहे हैं।
कुंठा की खाद, विलास की सिंचाई।
अहंकार की गर्मी, प्रेम की निराई।
बेअदबी और फूहड़ता के फूल लगे हैं।
जो महक कर दूर-दूर तक निराशा, घोल रहे हैं।
फलियों में संयम नहीं है,
पत्तियां, जड़ों से नाराज है।
एक विचारों का बैल बाड़ तोड़ते हुए,
सब पौधे उजाड़ देता है।
जड़ बची ना तना।
हमने फिर से , एक बीज बो दिया प्रेम का,
संयम की खाद, विश्वास की सिंचाई।
कोई फूल नही लगे इस-बार,
कुछ कंटक दिखे संस्कारों के।
जिसे कोई नुकसान नहीं पहुंचाता।
पौधा जड़ें मजबूत कर चुका है।
और सोच रहा है,

“" साँच ना राखे बाड़ में, रख अपने पे विश्वास।
फूलों से कांटे भले जो, राखे कल की आश। "”

23. अनुसरण

कितनी आँखें देख रही है, कितनों में है खून सवार।
अनुभव का कोई अंश नही है, कैसे होगी नैया पार।

भटक-भटक के सर टकराता, सूख गई है अश्रुधार।
फिर भी अब तक समझ सके ना, प्रेम नही होता व्यापार।

प्रण दूषित करते भय मारे, घिसकर निखर चुके है सारे।
हास्य-पात्र बनी करुण पुकार।
जीवन लटक कर रहा आत्मदाह, हुई व्यवस्था बंटाधार।

चंद्र से अंश लिया ना जाए, जर्जर मानस सिया ना जाए।
बाकी देख रहा संसार,
अंश समेट अपने हिस्से का, अब माथि को है विस्तार।
जैसे चाहे अब रख लेना, पार्थ को होगा सब स्वीकार।

24. अलबेला साथी

अल-बेला-सा होना, तेरी दुनियां में भी अच्छा है |
कौन पूछेगा, क्या गम है और हाल चाल सब कच्चा है|
बच्चा है जो बिगड़ गया है, झुझे सबके साथ |
शम-शाने में नाच रहा है, ऊपर करके हाथ |
इंसानों के बच्चे से, पूछ रहे है जात |
क्या समझे, समझाओगे, क्या करते हो बात |

जो नहायें है लोटे से, क्या जाने बरसात |
रोज करेगा झगड़ा घर में, लेकर फेरे सात |
देख लिया सब सौंप के, जान गये औकात |
क्या समझे, समझाओगे, क्या करते हो बात |

बदले पत्थर मांग रहा है, जोते-जोते बाट |
कब चंदा से सूरज हो गया, वक्त रहे है काट |
काली दाढ़ी चोर की, क्या करते हो बात |
रह जाएं ना कहीं अकेले, चलते सबके साथ |
क्या समझे, समझाओगे, क्या करते हो बात |

25. अपनी आवाज

भ्रांतियों के बाद भी अपनी कोई आवाज,
स्पष्ट सुन पा रहे हो।
कुछ हो न हो बँधु सही जा रहे हो॥
संगीत के पत्तों की छाप में,
सब शांत मिले तो,
साध जिन्दा होना जता रहे हो।
सब अपने आप हो रहा है,
कभी बंदिश नहीं दिखाई,
हो सकता है इतनी जल्दी धोखा खा रहे हो।
अन्दर-बाहर कुछ अलग-अलग दिखा रहे हो,
टूटे हुए हिस्से लेकर, सबको जोड़ना सीखा रहे हो।
बैरागी बने बैठे हो 'पार्थ' कहीं के,
जात अमीरों वाली क्यों दिखा रहे हो।

26. अपने आप से पूछो

अपने आप से पूछो,
सोच-सोचकर जाल रखे है क्या।
मर्यादा से बढ़कर,
प्रेम को अपने ढाल रखे है क्या।
कब सब डरते है,
कुछ करते है सवाल रखे है क्या।
रहना शांत , करे यूं भ्रांत ,
किस्से कमाल रखे है क्या।
अपने बचाव को , करते अनुभव ,
हाल फिलहाल रखे है क्या।
गिर जायें-गे उलझ-कर ,
लंबे सोचकर बाल रखे है क्या।
खैर छोड़ कर बातें अपनी ,
सबका मलाल रखे है क्या।
भटके - आंख पे पर्दा सबके ,
सोच में डाल रखे है क्या।
पार्थ ख्याल लिखे , तुने भी,
ज़हन में पाल रखे है क्या।
जिन्दा ज़हन में कभी किसी को ,
इतने साल रखे है क्या।

तुम लिखते हो ?

तुम लिखते हो ?,
पर ये भी की मात्रा की बहुत गलतियां हैं तुम्हारे यहाँ।
मैने बिना किसी फेरबदल के मान लिया और यही कहा कोशिश जारी हैं बस। तो क्या सोचा , की लिखें , कुछ तो सोचा होगा ना।
हाँ सही कहा तुमने सोचा की लिख कर रख लेता हूं कही खुद से बात करनी हुई तो पढ़ लिया करूंगा दोबारा , क्या कोई ऐसा है जो जारी रखना चाहता हैं बात।

अच्छा किया पूछ लिया , बस कुछ पुछो तो मजाक मत उड़ाना , वरना कभी फिर कह नही पाऊंग दिल खोल कर।
समझें तो बाकी अच्छे हो तुम , जो पूछा ।
हां तो क्या कह रहे थे आप किसके लिये लिखते हो, पहले खुद को समझना शुरु किया , फिर अपने प्रेम को प्रकट किया अब नजरों का लिखता हूं। जो चला आये मन में। ख्याल है बस छाप रहे हैं किसी को समझ नही आते कोई समझना नहीं चाहते बाकी हम भी यूँ है की कुछ से कुछ भला खुद को सुना दिया करते है ,कभी कभी । हां तो कब से हम ही कहे जा रहे है कुछ अपना भी कहो शायद वजह यही की कोई हमसे बात तो करता है पर लंबे समय तक मेरे बारे मे नहीं जानना चाहता , गलती हमारी है ना सब एक बार मे कह देते है , सब्र नही करते बस डर होता है की कही कोई और नहीं मिला तो इन्हें ही सौंप दिया जाये सब , खुद पर वो बोझ भला कौन ढोए।

गलतियां पकड़ रहे है बस।

हां पर तुम भी बता दिया करो ना जहाँ गलत हूं , पर गिरने लगूं तो संभाल कर फिर जिन्दा कर देना , वादा रहा एक का लाख चुका देंगे तुम्हारे लिये।

9 798885 464802

Printed by Libri Plureos GmbH in Hamburg,
Germany